자유로운 휠체어

Original title : En roue libre

by Nicolas MOOG and Gilles ROCHIER
Copyright © Editions Casterman, 2018
Korean translation copyright © 2020, Hanulimspecial Publishing co.,
This Korean edition is published by arrangement with Editions Casterman through Bookmaru Korea literary agency in Seoul.
All rights reserved.

글 질 로시에 그림 니콜라 무그 옮김 김현아

자유로운 휠체어
무례한 관심은 집어치워!

한울림스페셜

어이구, 우리 딸들!

오늘 학교에서 잘 지냈어?

오늘은 뭐 배웠어?

몰라.

점심은 뭐 먹었어?

몰라.

뭐 신나는 일 없었어?

응, 오늘 선생님이 학교 안 왔어.

아, 그래…. 대단한 하루였네.

우리 딸들! 이제 손 씻고 숙제해야지.

당신 일찍 퇴근했네. 무슨 일 있는 거야?

아니, 별일 없어.

당신은?

응. 난 오늘 공원에 갔었어.

토니오랑.

토니오는 어때?

여전하지 뭐. 실없이 허튼소리나 해대면서 말이야.

당신도 알잖아.

실은 어제 도서관에서 토니오 여동생을 만났어.

오빠 때문에 사는 게 악몽이라고 하소연하더라.

매일 밤 고주망태가 되서 휠체어로 아파트 벽을 들이받는대. 그러다 휠체어에서 떨어지면 일으켜 데리고 들어가야 하고.

그러니 죽을 맛이지.

토니오가 그러는데… 다리를 마저 잘라야 한대.

어머, 정말?

에이, 설마…. 그 사람 또 허풍 떠는 거 아냐?

냅둬.

그래도….

영영 걸을 수 없게 될지도 모르는데

심란하겠지.

기분도 그런데 찬바람이나 쐴까?

여보, **좀 나와봐!**

어서.

싫어. 춥잖아.

중요한 일이야.

뭔데 그래?

저기 저 사람, 토니오 아냐?

맞네. 비 오는데
우산도 없이
뭐 하는 거지?

어쩔려고 저래?

여동생한테 얼른 알려야겠어.

됐어. 내가 집에 데려다주고 올게.

당신은 그냥
가만히 있어.

그때 그런 일이 있었다고?!

안녕, 알리.

어서 와.

그 따위로 할 거면 농구 때려쳐, 엉터리 같은 놈들아!
점프가 그 모양이어서 어디 NBA 근처에나 가겠냐?

으이구, 저 자식!

…

다 잘될 거야.

그럼.

너무 걱정하지 마.

몸이 더 가벼워져서 퇴원할 텐데 뭐.

그거 하난 분명해.

실은 의사한테 내 다리가 몸에 붙어있게 해달라고 부탁했었어.

말도 안 되는 소리지만. 제기랄!

그날 병원에 갈게. 애들도 챙겨야 하니까 같이 데리고 갈게.

그래도 괜찮지?

지금 농담하냐?

나더러 애들이랑 있으라고?
니가 자리를 비우면,
그 애들은 누가 보고?

남은 다리마저 자르고 나면
난 누워서 꼼짝도 못하는데.

넌 그러니까 집에서는 전화 한 통
안 하는 나쁜 놈이야.

미안해.
생각이 짧았어.

내 걱정은 혼자 다하는 척하더니,
이 구역질 나는 놈.

수술은 나 혼자 받아도 돼.
그런 일로
겁먹지 않으니까
신경 꺼.

알았어.

난 이만 가볼게.

꺼져버리든가 말든가.

잘 가라, 이 배신자야!

갈게.

난 겁쟁이가 아냐!

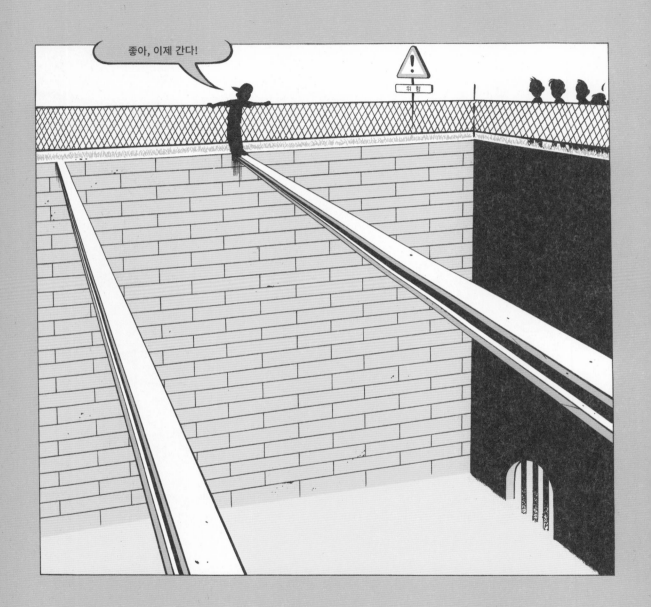

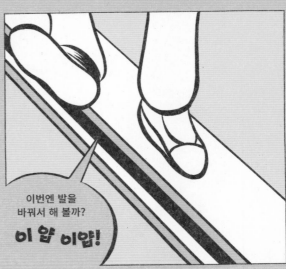

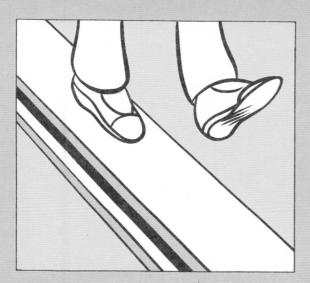

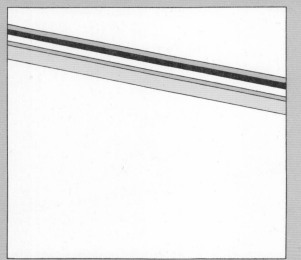

토니오 여기 안 왔어?

오늘은 못 봤는데….

왜 벌써 와?

갔는데 없더라고.

뭐야?

아주 토니오다운 행동이지.

불쑥 나타났다

사라지는 거.

그뿐이야? 허풍도 심하잖아!

너무 그러지 마.

혼란스러워서 그래. 그 녀석 남은 다리도 자르게 될 거라고.

난 커피 한 잔 마실 건데 넌?

뭐 필요한 거 있어?

난 맛있는 샌드위치 하나면 돼.

돼지고기 든 건 빼고.

?

너 무슬림이었어? 언제부터? 몰랐네.

…

뭐 완전히 그런 건 아니고.

하지만 누가 알아?

곧 완전히 그렇게 될지.

그러니까 미리미리 삼가야지.

그럼 맥주랑 다른 것도 삼가할 거야?

…

하나씩 차근차근 해야지, 한꺼번에 끊으면 힘들어서 안 돼.

알아서 사 올게.

탁

자, 여기.

오호~

닭 가슴살 야채 샌드위치라….

괜찮네.

그런데 이건 뭐야? 음료수라니….

너무하네.

훗! 이 풋내기들아, 봤지?

기차 온다, 다들 정신 바짝 차려!

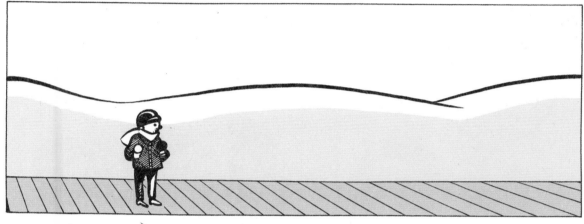

토니오!

믿은 내가 잘못이지.
또 어딜 간 거야?

빌어먹을…!

저, 실례합니다.

사람을 찾고
있는데요,

길에서 혹시

휠체어 탄 남자

못 보셨어요?

아니요….
못 봤어요.

으휴, 내가 미쳤지.
바다는 왜 보자고 해서….

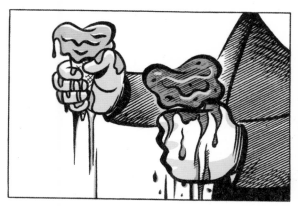

여보세요?

당신?

그럼,
별일 없지.

아니….

사실은 그게…
일이 좀
생겼어.

토니오가 사라졌어.

꼼짝 않고 있겠다고
하길래….

뭐? … 경찰서?

그래, 바로 가봐야겠다….

응, 찾으면
바로 전화할게.

그래.

알았어.

**이 나쁜 자식,
찾기만 해 봐.**

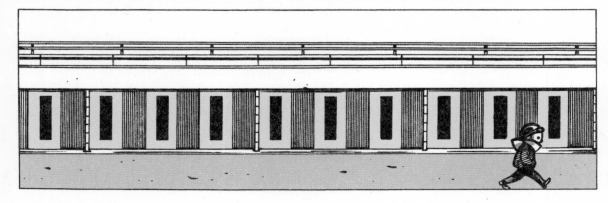

판 매 점

우 체 국 카 페

실례합니다.

혹시 휠체어 탄 남자
여기 오지 않았나요?

휠체어요?

아뇨!

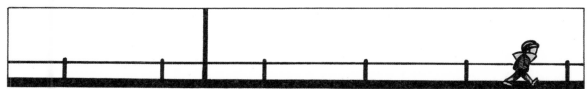

날 막을 순 없어!

그래도 너라면 할 수 있을 거야. 일단 담을 넘고 가능한 한 잽싸게 체리를 따는 거야.

그런 다음 돌아오면 돼.

어려울 것 같긴 한데….

토니오, 서둘러! 이러다 들키겠어.

에라, 모르겠다.

그럼 간다.

푸우.
다 왔다.

잘 자라, 멍충아.
미리 말해두는데,
다음에 또 이런 일
계획할 거면 그땐
나 빼주라.

안녕, 잘 자.

흐억!

다녀올게.

어디 가는데?

오늘 토니오 수술하는 날이잖아.
힘들 텐데 옆에 있어줘야지.
그래도 친군데….

수술
끝나면
전화할게.

오늘 수술이 있다고 들었는데, 토니오 발르라 씨 입원실이 몇 호인가요?

아무런 연락도 없이 병원에 오지 않으셨어요. 저희도 어찌해야 할지….

….

대체 어딜 간 거야?

이 바보 같은 놈들아!

토니오!

그것밖에 못해? 제대로 좀 하란 말이야!

쳇, 또 너로군.

나 지금

병원에서 오는 길이야.

너 어디 아파?

농담이 나와?

너 보러 간 거잖아.

오늘 수술이라며.

기억 안 나?

오늘 26일이잖아, 다리 수술하는 날.

정말 기억 안 나?

아, 맞다. 그랬지. 그런데 수술이 당장 급한 건 아니라고 내가 말했을 텐데….

네가 휠체어 밀어주는 것도 지긋지긋하고, 친절하게 구는 것도 딱 질색이야.

특히 네 설교는 넌더리가 난다고.

정말 내 친구가 되고 싶냐?

그럼 가서 다리 하나 자르고 와. 서로 할 말이 엄청 많아질 걸?

그러면 난 너한테 이렇게 말해줄 거야.

난 다리가 하나밖에 없어. 그래도 너보다 훨씬 빨리, 훨씬 멀리 갈 거야.

너도 장애인이야.

… 어디 가? 이봐, 토니오.

… 하지만… 기다려봐….

잠깐만….

토니오!

토니오!

내가 원한 건 자유야!

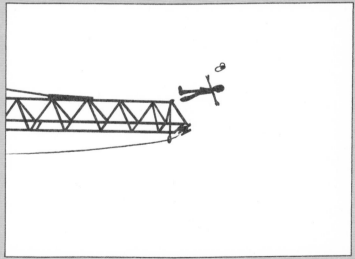

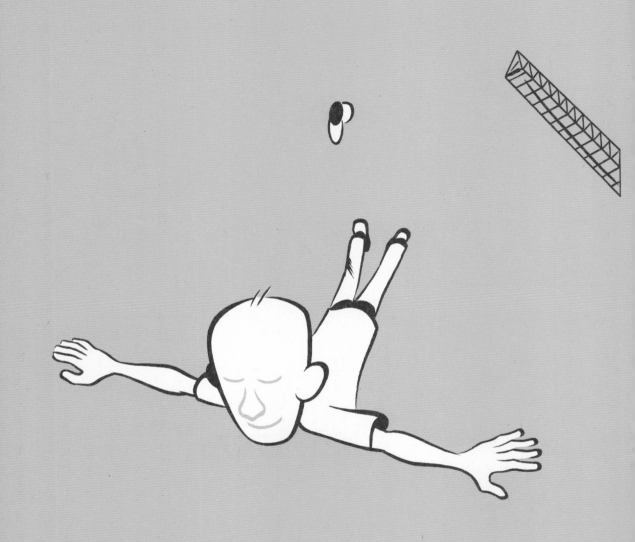

자유로운 휠체어

글쓴이 | 질 로시에   그린이 | 니콜라 무그   옮긴이 | 김현아
펴낸이 | 곽미순   책임편집 | 윤도경   디자인 | 김민서

펴낸곳 | 한울림스페셜   기획 | 이미혜   편집 | 윤도경 윤소라 이은파 박미화
디자인 | 김민서 이순영   마케팅 | 공태훈 옥정연   제작·관리 | 김영석
등록 | 2008년 2월 13일(제318-2008-00016호)
주소 | 서울특별시 영등포구 당산로54길 11 래미안당산1차아파트 상가
대표전화 | 02-2635-1400   팩스 | 02-2635-1415
홈페이지 | www.inbumo.com   블로그 | blog.naver.com/hanulimkids
페이스북 | www.facebook.com/hanulim   인스타그램 | www.instagram.com/hanulimkids

첫판 1쇄 펴낸날 | 2020년 2월 24일
ISBN 978-89-93143-84-3   03330